荷蘭的詠嘆調

文・攝影｜許培鴻

Aria of Holland

我認識的許培鴻

蔡季 | 荷蘭觀光局代表

1997年，我剛加入荷蘭觀光局時，我需要辦一個媒體團到荷蘭參觀。那時我認識的媒體不多。透過好朋友王美美的推薦，我邀請了許培鴻。

在媒體團體中，揹著貴重相機的培鴻一點兒也不特別，可是他總是默默地在拿著他的寶貝相機爭取每一個照相的時機。他比別人早起、比別人晚睡。用餐前，只要天還沒黑，他一定是在外面拍照；用餐時，也是先照菜，再三口併兩口的囫圇吞下。飯後，大家喝咖啡聊天時，他又跑出去拍夜景了。他會站在路邊等上十幾分鐘，等著 CIRCLE TRAM 駛過來時拍一張相片。他更會一大早守在橋邊，為的是拍第一道陽光投射在橋上的美麗景色。儘管如此，培鴻從來不會耽擱大家的行程，集合時間到，他一定準時出現。

他就是這樣的一個年輕人，我在一旁觀察他。雖然培鴻第一次交出來的作品，我並不十分滿意。我雖然不是攝影師，也非鑑賞家，但是看多了，對攝影作品的要求，還是小有一點水準的。可是對於他的敬業及堅持，我是非常感動與欣賞的。陸陸續續地，培鴻跟著媒體團及自費的到了歐洲許多趟，幾乎每一次，他也會花一些時間在荷蘭，隨著他的攝影技術愈來愈精湛，他的思維愈來愈敏感，培鴻對自己的要求也愈來愈高。他的攝影，已經不只是取景；培鴻的每一張作品，都有他自己的思想及與當時景物的對話。欣賞培鴻的攝影作品，不能只用眼睛看，一定還要用心去讀的。

我請培鴻到荷蘭10天，除了給他一輛車跟7天的旅館住宿，剩下的就由得他自由發展。不負期望，培鴻不但充實了我們的相片庫，也發表了這麼美好的一本攝影圖文輯。荷蘭所擁有的豐富的藝術內涵，美麗的人文素養及開朗進取的多元文化，透過培鴻的鏡頭，完完全全地呈現出來。

我推薦這本《荷蘭的詠嘆調》，也推薦培鴻的專注與執著。

盜美的旅人

盧健英｜PAR表演藝術雜誌總編輯

　　一手拿相機，一手還要寫文章，許培鴻是自找苦吃的旅人。和別人不同，他把理性放在文字上，把感性放在攝影上，所以如果你以為可以從文字上看到他的纖細敏感，那就錯了。他是個再平凡不過的觀光客，不一定能用各種語言深入城市，他找不到城市裡最好喝的咖啡，也不知哪裡有最廉價而實惠的午餐，從文字上看，他是一個毫不世故的觀光客，這個城市給他熱情，他便接受熱情，這個城市給他安靜，他便接受安靜。他的文字，毫不私密，是一個平凡觀光客的口白，清湯白麵的紀錄，從城市的都心晃到鄉間，從地鐵到橋頭，一個揹著腳架的旅人。

　　但他盜取每一個城市的顏色、節奏、與表情。在每一次的快門裡，就看得到他的居心叵測，有備而來，他對「美」總是有計畫的。就像所有有計畫的偷兒一般，第一天他瀏覽地勢，搜集情報，第二天他進行主題歸類，展開行動。在旅行途中，他不搭訕，他只是走著，看著，等著。在阿姆斯特丹，他不為大麻、風車、乳酪、鬱金香而去，他和城市的光影打交道，他叩問巷弄裡的塗鴉、公園裡的野鵝，還有，那巨大的，如玩具般堆砌的建築。當然，不能放過的，還有這城市裡的女人，騎著腳踏車上的女人，微笑、髮絲、慾望、開朗，透著這個城市的魅力密碼。

　　他對這個城市的付出就是全然的專注，專注而不計成本。因為每一次的旅行，都是一種愛戀，錯過了就沒有。因為不知道第二天的天空還有沒有一樣燦紅的夕陽；同樣的大樓，還會不會有那個站在同一個窗口發愣的上班族；那朵被風吹出同樣彎俯姿態的花，明天還會有同樣的花瓣？那一杯和溫度相遇的路邊咖啡，還會有同樣的蒸騰嗎？

　　和每一個城市的相遇都是唯一的一次，專注而不計成本，然後，也毫不流連。這就是許培鴻。

那樣的美，只有戀人的眼睛才能看見

謝其濬｜媒體工作者

　　從那一次，我和許培鴻一起參加赴荷蘭的媒體訪問團，我就一直叫他「許哥」。在那個團中，每遇到知名景點，眾家記者總是舉起相機猛拍，許哥則不，他常是閒晃著，突然將鏡頭對向某個我們沒注意到的角落。

　　有一次，我們猛拍一輛腳踏車，他則是等我們拍完後，給了車鈴一個特寫，而車鈴表面可以照見四周的景物。另一天，拜訪某座荷蘭文化村，壞天氣，眾家記者們一時全都沒輒，許哥不疾不徐，朝鏡頭哈了一口氣，結果拍出一張唯美的霧中風車。

　　許哥一共拜訪荷蘭六次，我覺得他愈拍愈好，同樣的風車、腳踏車、鬱金香，逐漸釋放出濃郁的情味。只有一雙戀人的眼睛，才能看見那樣深刻的美，只是我一直沒有問過許哥，他為什麼對荷蘭那麼戀戀難忘。

用心感受每個旅行的驛站

許培鴻｜《荷蘭的詠嘆調》作者

　　每個旅行的驛站，一生可能只有一次的相遇。當我第一次拜訪荷蘭時便有這樣的想法，想著，這麼長程的旅行，還會有下一次嗎？

　　或許珍惜對每一刻、每一景都用心感受。第一次的荷蘭之旅便愛上了她，喜歡荷蘭，並不是鬱金香的豔麗，更不是紅燈區的誘惑，人的親切感吸引了我，運河的自在讓我無拘無束。

　　漸漸地，往後在荷蘭每一次的感動與悸動，影像的創作成了內心思緒的一種表達。書內每一張圖片的氛圍，都是當下的真實感受，作品的意境已陳述了一切，文字上自然沒有密密麻麻的贅述，也沒有按圖索驥的內容……

　　《荷蘭的詠嘆調》，是我對荷蘭的一種欣賞、一種陶醉、一種感動！

▸▸ IMAGE

AMSTERDAM
SCHIPHOL

　　睜開迷濛的雙眼，扭動蜷曲已久的身軀，窗外已見微茫的地廓，看來似乎進入了歐亞大陸地區了。凌晨時分已飛入荷蘭的領空，沈睡的大地尚未甦醒，高空鳥瞰看見一片又一片的光塊，這番特殊的景象以為看見了某些祕密科學實驗。初次進入荷蘭便給了我這般的驚嘆，驚嘆之後才知道那片光塊是花卉的栽培區。

　　飛機以平穩的降落到達史基浦機場（Amsterdam Schiphol Airport），揉醒了一切睡意。下了飛機，正好跟阿姆斯特丹說聲：「早安」！

這一片燦爛
是我記憶與視覺直接連結的第一個荷蘭意象

啊！鬱金香
就是她
是我認識荷蘭的第一個花卉

十六世紀的人們
把鬱金香的市場行情炒熱到高點
從此她的身價與知名度也就受到人們的注目
當我走進Singel運河旁的花市
上百花卉中
就屬鬱金香最亮眼
美，或許不需要理由
當她深深地吸引我的目光
就是這麼自然的魅力！

Amste

　有樣東西是我每到一個地方必搜尋的商品，那便是各地方的風情貼紙，小小一張貼紙有時候賣的價錢並不低，但為了留念也就讓商家貴一下。回國後第一天都會將各地方蒐集的貼紙貼在車內的上方，每天一進入車內，一眼望見就是自己走過的足跡，心情的回味總是不一樣。

　人在國外的時候，心情的體驗如果沒經過整理、沈澱，在當下的思緒總是就那麼溜走了，事後回憶或與朋友閒聊分享，一堆的樂子的事與異國奇景全蹦了出來。如大城小鎮遇到新奇的傳統節慶、如何在國外的高速公路當個優質的車手、面對運河邊一對對同性戀人熱情的吻……，突然發現自己的腦子已裝了不少異國情事。

19

烏特勒支的天空變大了

我登上這城市的最高點

景物變小了

人們也矮蹬地走著

這是位於高112公尺的Domtoren教堂

它是荷蘭最高的塔樓

上氣不接下氣的登上近五百個石階

當自己站在塔頂的觀景台

一見視野是如此地遼闊

立即忘掉剛才的氣喘

抬頭望著塔頂懸掛著幾十枚巨鐘

巨鐘成排令人嘆為觀止

這幾十噸重的大鐘運至塔頂

真是人類偉大的工程

當鐘聲一響起

內心燃起一股溫暖的情懷

一種祥和的穩定

當鐘聲遍及烏垂克的每個角落

祥和也進入每個人的內心

De Domtoren Utrecht

UTRECHT
DE DOMTOREN

WEBER

- AULA
ELAAN 1105 - AMSTERDAM
LOCATION: VRIJE UNIVERSITEIT - AULA
ADMISSION FREE
DE BOELELAAN 1105 - AMSTERDAM
INFO: WWW.CHIALPHA.NL
FRIDAY
JUNE 4th
8:00PM
DOORS OPEN @ 7:30 PM
GOD IS NEAR
A LIVE WORSHIP
XPERIENCE
WITH
DOORS OPEN @ 7:30 PM
Hemk
RANDY KAT
MISS NINE (MOTION)
AMIR
M.A.B.
LOCATION: VRIJE UNIVERSITEIT - AULA
DE BOELELAAN 1105 - AMSTERDAM
ADMISSION FREE
GOD IS NEAR
XPERIENCE
WITH
LAKEVIEW
CHRISTIAN
CENTER
ON
FRIDAY
JUNE 4th
8:00PM
DOORS OPEN @ 7:30 PM
LAKEVIEW
CHRISTIAN
CENTER
ON

　　對我而言，荷蘭人應該是歐洲的國度裡最有商業頭腦、重實務與規劃、認識自己的存在價值，最重要的應該是有一個好的社會制度，好的規範。

　　當我進入荷蘭這個國家，從下飛機第一步，除了海關人員稍微檢查一下證件，接下來出境後，對交通的衛接搭乘，高速公路上清楚的路向指標非常便利清楚，即使身為外國人的我也很容易就進入狀況。

　　到了機場大廳，在一樓有許多火車票自動販賣機，往地下一樓就是火車站的月台通往荷蘭各大城市，尤其前往阿姆斯特丹的中央車站班次最多。

image

　　「住」，荷蘭的居住建築大致上區分為三種形式，受保護的古老建築、公寓式的新建築、獨戶庭院型等等，這三類當中，要看出人民的生活品質程度應屬第三類，居住的環境一定有花圃與車庫，牆外的空間規劃有條不紊，沒有多餘的空間堆砌廢棄物，也找不到閒置的空地可以臨時停車，真是寸土寸金。

　　每戶人家對庭院的園藝似乎都有一手好工夫。從窗台的裝飾巧思到每棵樹每盆花的用心充分表現園藝的真實力，經過這些荷蘭人的家，第一印象是乾淨、浪漫、可愛……

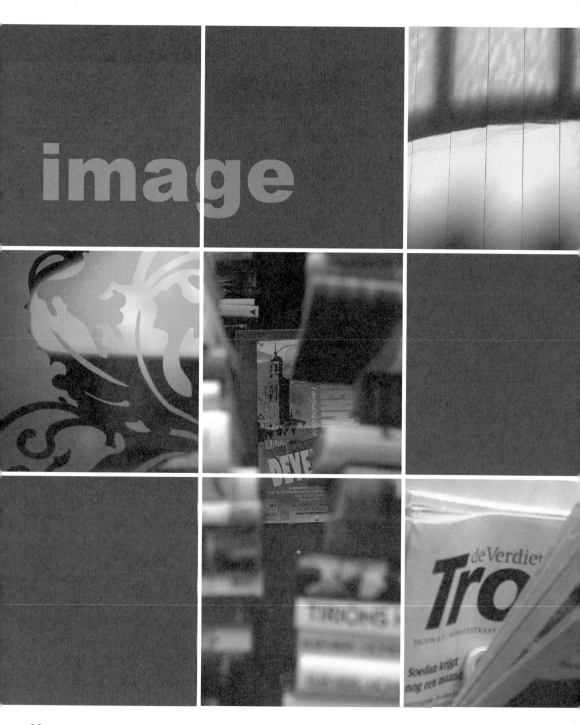

image

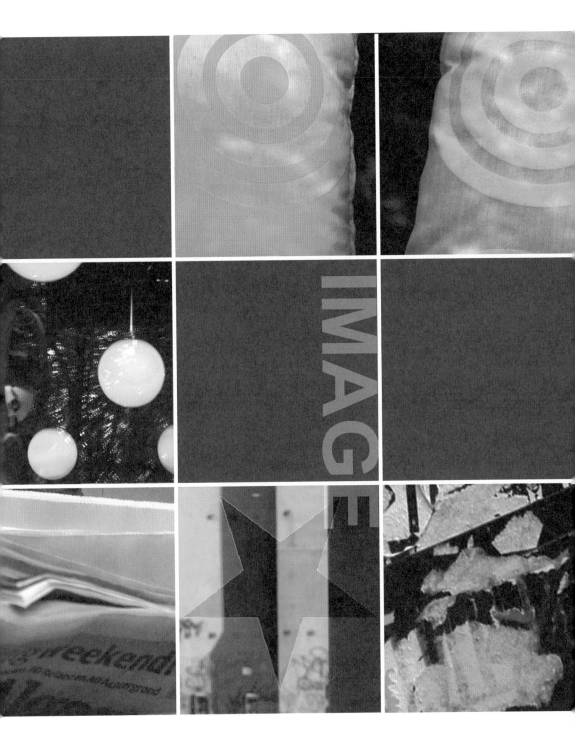

▶▶ WINDOW

走過788號，視野的餘光吸引我停下腳步來。

九點五十分，我依然徘徊在紳士運河旁，內心的急促驅走了夜裡的寒意，

四分之一秒

　　客廳的小燈微亮，地下的飯廳燈光也點著卻不見主人的蹤影，餐桌上有兩隻帶著熟睡的小貓纏綣一起非常可愛，不見主人蹤影，窗戶大方開啟著，眼尖的我不想看見也很難，機靈的小貓一下子就被遠處的快門聲驚醒了，但一臉迷惑分辨不出是什麼聲音，另一隻還是熟睡著窩在同伴的懷裡。即興的一刻來不及準備腳架，小心翼翼站穩了馬步，快速的按下1/4秒的快門。帶著興奮的心情悄悄的離開，感謝788號獻給我這溫馨的一幕！

而我，卻在歷史博物館與林布蘭相遇。

來到阿姆斯特丹，只要喜歡繪畫的人，必定拜訪林布蘭的作品而直達國立博物館，

與
林布蘭相遇

　　博物館是我又愛又怕的地方，買了票進了館內，不到兩個小時開始腰酸，再一回兒腳也酸，接下來就意興闌珊。今天是個舒適的陰天，從中央車站沿著Damark大道恣意的找景，不知何時拐了彎，走到另一條充滿人潮的商區，不到五分鐘的步行，到了歷史博物館（Historisch Museum）的門口，館前有一區美食咖啡庭院，許多人在此享用下午茶，看看書聊個天相當自在，於是我走進這裡。不經意的一個抬頭，在窗外驚喜的發現林布蘭（Rembrandt）作品正在館內展出。

窗內的世界，與路人分享

　　每當經過特別的窗戶邊，總是忍不住多看一眼窗內的世界。荷蘭人生活的細緻一小瓷器、盆栽、蕾絲布邊、風鈴、幾朵耀眼的花朵⋯⋯就這樣一扇扇的荷藝窗戶在每一條街上，每一棟建築。人的窺視慾總是貪心的，看見典雅的窗景，就更想看見屋裡的佈置

當我下車走了一圈之後，找到了答案：運河、船、陽光、午餐。眼見一群人並肩而坐，似乎在看些什麼，在找什麼樂趣之類，此時內心開始有發現桃花源的興奮，好奇心驅使著我在一個不知名的小村停下車來，

the
window
►► image

花花世界
阿姆斯特丹

▶▶ ARCH

荷蘭有一句諺語說：「上帝創造了地球，但荷蘭人創造了荷蘭。」這份精神撒落在每一寸土壤裡。

來過荷蘭的人，對風車、乳酪、運河勢必不陌生，紅磚外觀屋頂似帽狀的傳統建築也令人印象深刻。但有趣的是，為什麼會有許多傾斜的老房子？

這些傳統建築由於受到古蹟建築保護法保護，傾斜的房屋，外觀只能維護不能拆，有很多人不解的質疑，這不是危險建築嗎？但入內觀賞，卻令我立即改觀。我曾經看到建築工人在這傾斜外殼的房屋內再蓋一層新的房屋，以支撐原有的結構，而對於內部要如何的裝潢與佈置，就各憑屋主的喜好。

心靈旅遊
城市人需要一種視覺
一種觸動心靈的視覺
心靈，需要一種芬多精
心靈，一種儲備抗壓的免疫力

　　阿姆斯特丹的房屋建築大部分都維持著十七世紀時期的風格，一棟棟富麗的雕刻屋頂，可以想像在十七世紀荷蘭商賈鼎盛時期所遺留下來的富商宅邸面貌，然而因當時的富商、貴族大部分都聚集在三大運河一帶，使這一帶的商家、住宅或飯店業都屬於高級區，猶如台北的東區或天母地區。

　　看到這裡的建築外貌，或許你會覺得奇怪，為什麼屋面的造型有些以高錐形而帶有梯形邊，但從正面看去卻像三角形的屋頂？據說這樣的風格建築產生是為了逃避當時的房屋稅法，徵稅的計算方式乃根據房屋的面寬面積來計算，因而塑造了今日荷蘭建築的風貌特色之一。

　　走進這西北區一帶，的確可以一睹往日貴族們居住的古典豪宅的往日情景，但如今這一帶的居民跟一般人似乎也沒什麼兩樣，大部分人的代步工具依然是單車，我似乎沒見過有司機為主人開車門的畫面。

　　早上從中央車站下車，去平常沒走過的西北端一帶，也就是紳士運河（Herengracht）、國王運河（Keizersgracht）與王子運河（Prinsengracht）的起端。

　　今早我起得晚，到了這裡已經快十一點，街頭上人煙稀稀，我到注意到運河開端的公共區域裡放置許多類似船錨的公共藝術品，吸引許多鴿子、野鳥棲息，撿食著人們撒落的麵包屑、玉米粒，群鳥飛起又飛來，尋覓著何處有鳥食，當鳥兒疾速地從我頭頂飛過，我還真怕牠突然間向我空投炸彈。

　　看著鳥兒吃個不停，自己的肚子不由得也餓了起來，走進紳士運河的路口一家印度人開的美式食物餐廳，只有炸雞、熱狗堡、炸魚、薯條這些選擇，於是我點了個這裡最貴的炸雞餐8.5歐元（在阿姆斯特丹算是很便宜了）作為我的早、午餐。

旅行，是一種多重感官體驗的享樂的方式之一，

這種快樂不是只喜歡逛街血拼的人們所能體會。

優點是，「看」的角度變寬廣了，對一件事或物的看法不再單一化。

缺點是，一但喜歡就會上癮，一但上癮胃口就會變大……

早上下著綿綿細雨，
整個城市進入了另一個寧靜的氣氛，水的氣氛。

這份寧靜的感覺，
出現在這個城市夜生活的狂歡之後、
在車水馬龍的喧騰之後……
雨後阿姆斯特丹散發一股清靜的氣息！

ZEILMAKERIJ BORG

積木般的方塊屋

　　在鹿特丹形形色色的建築中，以方塊屋的造型結構與色彩最吸引人。你瞧，那外觀的組合有如魔術方塊的扭轉或似積木的堆砌，而屋型卻以菱形狀的座立，不禁令人質疑，怎麼住人？這裡不但住人，而且有許多工作室設立於此。

　　小小方塊屋包含了三層，屋簷兩邊有著良好的排水設計，菱邊的建築形狀讓下雨時雨水不致亂滴，而多面的窗戶與氣窗設計，使空氣與光線充足地分佈屋內。

　　當你忍不住想一窺這屋內的種種時，別忘了這些可是謝絕參觀的私人住宅喔！

ROTTERDAM
KIJK-KUBUS

DEN HAAG
BINNENHOF

　　海牙是荷蘭國會的所在地,沒有鹿特丹現代與前衛建築,也沒有阿姆斯特丹的五光十色,拜訪這個城市,一開始令我覺得嚴肅、拘謹,細細品味之後,卻深深為它著迷。

　　這個城市瀰漫著濃厚的古典人文氣息,國會大廈、歷史博物館、全景美術館⋯⋯在在都吸引著我,一睹荷蘭鼎盛時期的珍貴藝術收藏!

　　來到鹿特丹，你會以為離開了荷蘭。

　　第二次世界大戰幾乎遭戰火摧毀殆盡，在戰後卻成了建築師創作的實驗場；現代與後現代的風格交織，使這個城市重新燃起人們對生命的期待！

ROTTERDAM
Telecom Tower-**KPN**

　　直行N518的小公路，經過一片茂綠的草原，跨過一條河濱公路，已進入這區可愛的綠色木牆暗紅瓦片的村莊，這裡每一戶人家的花園都佈置的溫馨可愛，自家的前花園成了施展園藝的天堂，小小的村有著四座吊橋對外連接，吊橋的尺寸卻也精緻，尺寸的比例幾乎是正常規格的小一號，只容許單車與人的通行，繞過了教堂、跨過了吊橋、騎過每一條古樸小巷，這裡是私人的花園，但一切的際遇就像進入了桃花源，深深地被綠色的馬肯小鎮吸引著！

　　走過世界這麼多國家，遊歷過數不清的大小城鎮，光是入境荷蘭已有六次。朋友都好奇的問我：看過無數的城市美景與大山大水，會不會想待在國外不回來？我笑了笑說：當然不會了。國外的山水風景雖然好，優質的生活環境比不完，但對我而言，出國旅行是為了休閒、轉換心情，國外的生活雖然愜意，終究生活步調與習性長時間待久了未必習慣，只要休息夠了、電力充飽了，再回到自己的崗位，工作起來更起勁，不是麼！

　　旅行到最後，必有一個最終的目的地，那便是歸途一家。

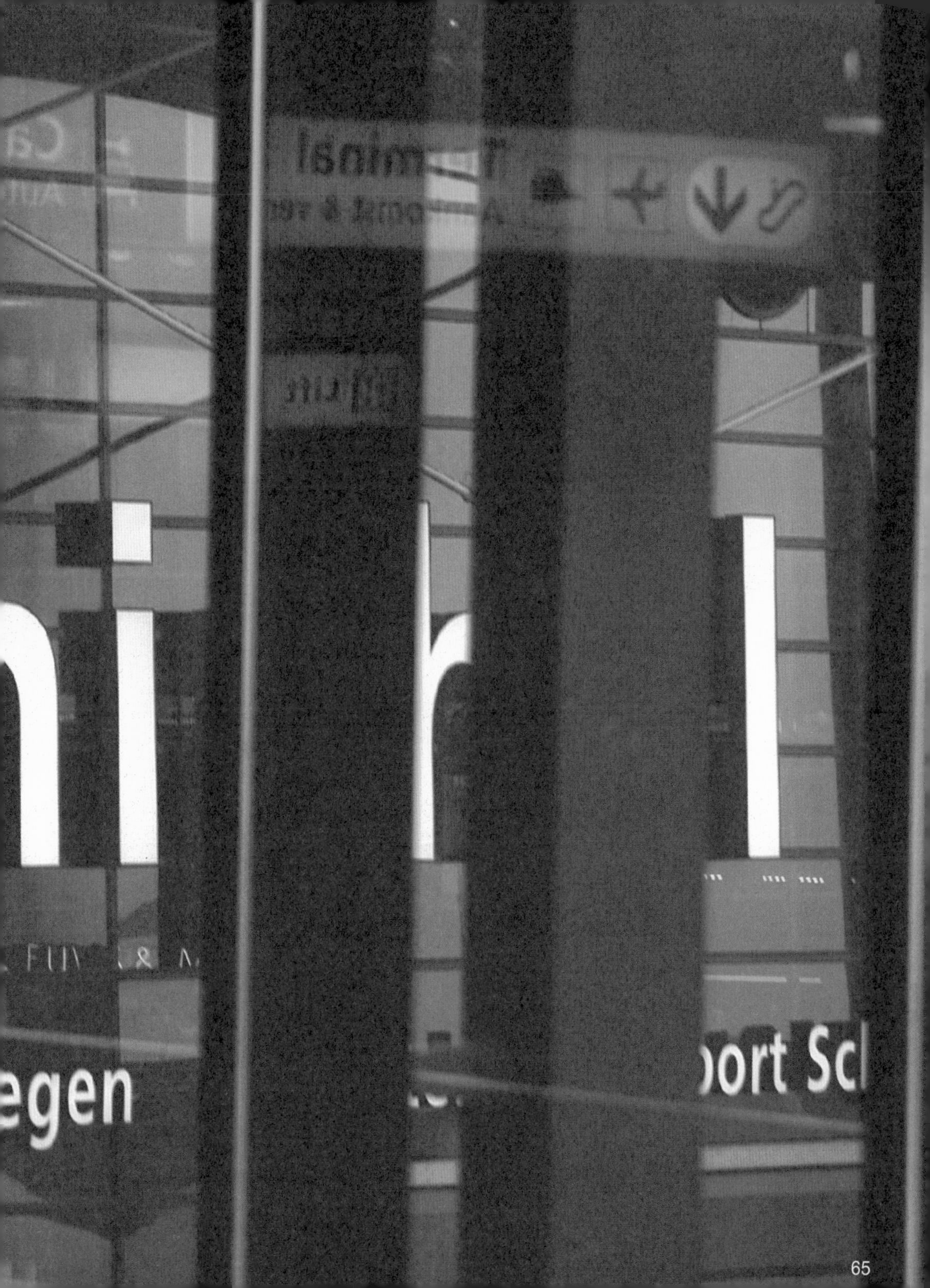
egen
port Sc

AMSTERDAM
CENTRAL

GOUDA
ST.JANSKERK

▶▶ PEOPLE

王子運河
音樂節

「來吧朋友！讓我們盡興的飲酒；來吧朋友！讓我們盡情歌唱忘掉一切煩憂……」遠處傳來陣陣的歌聲，男高音的雄厚嗓音嘹亮動人，迷人的旋律在鋼琴的伴奏下，將王子運河沿岸聚滿了聆聽者。

演唱者與演奏者的舞台搭設在河中間，鋼琴家的手指在琴鍵之間快速滑動，激昂又澎湃的音樂，加速聆聽者的血液流動。

天色漸漸暗了，舞台的燈光更顯奪目，一艘艘小船在運河聚集，整條河面儼然成了陸面，船與船之間成了要好的鄰居，人們相互寒暄，甚至一起飲酒作樂，而河岸邊成了最佳的聽眾席，有的人備椅而坐，有的人則準備了豐盛的美酒佳餚，好不熱鬧！當鋼琴家彈出貝多芬的《月光奏鳴曲》時，音符在王子運河裡盡情的迴盪！全場的群眾都停止了活動專注聆聽，整條運河籠罩在一片莊重又浪漫的氣氛中。

人生如戲

當你站在阿姆斯特丹的市中心，你可以感覺到這個城市在轉動尋奇的人、找樂子的人、尋覓浪

漫的、嘗試迷幻的，廣場中的我靜靜地坐著，人群不斷從我身旁流動，看著盛裝打扮的街頭藝

人努力的裝扮自己，只要使自己成為廣場最具色彩的角色，地上的錢罐也就不難滿載而歸。

街頭電影

有一回我在廣場旁的咖啡廳鳥瞰窗外風景，看見廣場上的街頭藝人與遊客間的互動，好奇、有趣、驚喜全寫在臉上。我一直覺得街頭藝人是地方文化的鮮明標幟，他們不但可以快速增進遊客與該地的親近感，也為遊客印刻了鮮明的回憶，有時候甚至是人們「到此一遊」的留影註記。觀賞這場分布在廣場不同的角落裡同時上演的「電影」，只花了我3.5歐元咖啡價！

機場的通緝犯

了吧！呵，真是幽默的接機者啊！情的擁抱及欣喜無比的表情看來，這個通緝犯應該是「流亡」許久一告示，究竟是怎麼一回事？終於，「嫌犯」現身了，看著如此熱什麼似的。我不由自主地看看那些牌子。咦，居然是緝拿「通緝犯我在史基浦機場等候朋友時，一群高舉牌子的年輕人好像正在尋找

與自己下棋

一，坦然接受該面對的輸贏結果。

是在於自己；雖然有太多不可知的變數，但也只能「下好離手」的棋局嗎？無論思考多久，每下一個決定、每走一步，選擇都可以看出他移動每一步的慎重。我不禁想，人生不也是盤自己這位男子，正獨自下著偌大的一局西洋棋。而從他專注的表情

Vertrek **19 54** Intercity

spoor **4**

Duivendrecht, Utrecht Centraal
Ede-Wageningen

Arnhem

Nijmegen

uitgang

善變有理

熱愛旅行的理由。

行。旅行的生活紓解了體內「善變的基因」的衝撞。這正是我

的善變無法接受現狀一成不變，於是造就了我的創作、我的旅

喜歡旅行的人血液中想必帶著「善變的基因」，像我就是。我

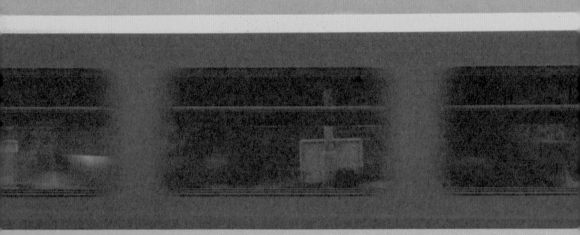

停・看・聽

那就等吧，聊個天，下車做運動，反正柵欄終究會升起來！等著。歐洲的生活步調不像台北那麼急促，如果需要等十分鐘，無人的柵欄自動放下，此時雙向的汽車、單車與行人得有耐性的這裡的鐵路平交道路口很少有人員控管，再大的路口也不過就是

昨日重現

為了一睹荷蘭極具特色的傳統服飾民俗節慶，我特地從阿姆斯特丹開近三小時的車北上 Schager
村。在平日裡，這裡只是一個平凡的村落，可是每年夏季的這個時候，全村的人很有默契地集體
回到從前，包括了傳統的服裝、傳統市場、古馬車、手工藝品等，重現「西菲士蘭文化」的時光
。從以前的生活形態，不難感受到荷蘭人吃苦耐勞的民族性。而「吃苦耐勞」也是中國人的民族
特性，基於那難以言喻的親切感，如此稱職的集體扮演，令我的內心升起溫馨的愉悅。在等待遊
行踩街前，右圖這個小妹妹，正入戲地看著餵養馬兒，表情似乎傳達了她五味雜陳的心情……

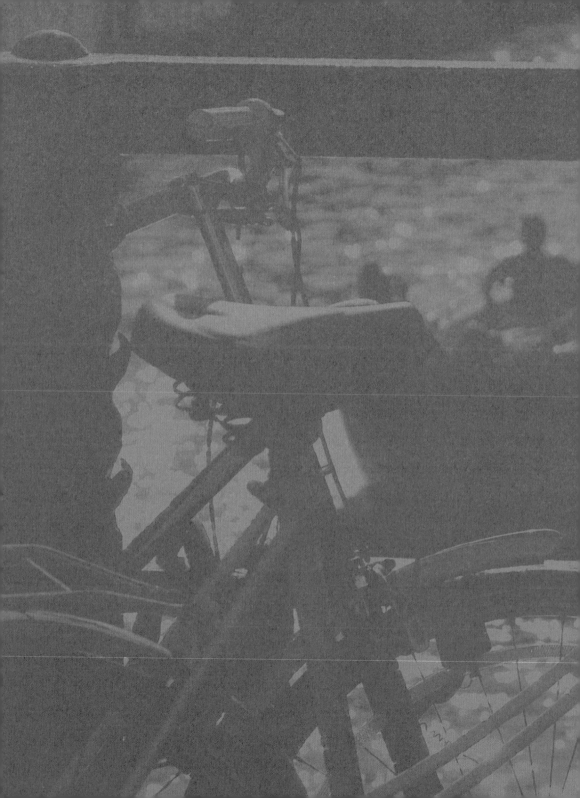

▶▶ BIKE

在街上來來往往的人，似乎大多都是外地來的遊客，

讓人很難分辨是德國、法國、丹麥或是英國人，

反正金髮白皮膚看起來都一樣；

就像西方人看我們東方人，

香港、日本、台灣還是新加坡人，

對他們而言同樣也難以辨別。

在這裡，騎上了單車就變成半個荷蘭人，

膚色並不是重點！

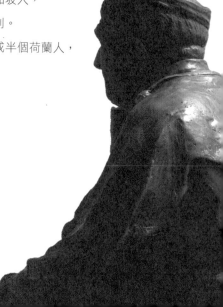

　　阿姆斯特丹，每天有千萬輛的單車在城市裡流動穿梭，白領階級、藍領階級、學生或遊客都喜歡與單車為伴；如果少了它，城市就少了一種活力。

　　每一條路都為它開闢了專用道，從鄉村到都市，延展到全國各地皆有單車專用道，難怪這裡的單車族騎得悠閒自在，理所當然地與著大汽車各分其道，充分享受騎車的樂趣！

單車對我而言

有一股莫名的吸引力

路過時

總是會不經意的看它一眼

無論是正放的、斜躺著、攀著樹藤、甚至結滿蜘蛛絲……

在在敘述著它和主人之間的生命互動

騎單車是一種代步
歐洲人將它視為一種生活情趣

市區、鄉村、郊野等任何一個地方在「行」的規劃絕對清楚,尤其在車道與河道的良善規劃更是令人激賞。這裡的交通號誌大部分可看到三種類別,人、單車與汽車,車道分明,各自遵守。每一個路口或路段都有清楚的地名標的;一眼便可知道自己選擇的方向正確與否;反觀在自己的國度旅行,儘管手上拿著中文版的地圖,依然迷路。

旅行中的豔遇，是多麼令人期待的事。經常聽說某人搭飛機在某個幸運的座位與美女相遇，或者當你徘徊在火車站手拿著地圖一臉迷惘，便有人說：需要幫忙嗎！喔，這些我都遇過，但年紀不是大我一輪，就是同性的路人，不是一般人想像中的「豔遇」，雖然有些失望，但其實也蠻好的，畢竟異國的戀情變數多，和這些歐吉桑、老太太們談起話來都相當愉快，不必有太多的戒心。

ONE FINE DAY

►► WINDMILL

今天的既定行程是去拍教堂。途中經過一個小鎮，看到這座如古董般好似正在修復的風車，它那古意盎然的風情深深吸引我的目光。恰巧今天天氣十分晴朗，整體看來十分悅目，於是我停下腳步，細細品味這座古老的風車。

在荷蘭的歷史上，風車的數目曾經達到近九千座，如今保存下來僅剩不到一千座。多少世紀以來，荷蘭一直享有「風車王國」的美稱，雖然現代人已不在使用風車來碾磨穀物，僅存的風車都已列為古蹟而加以維護與保護，歷史意義更大於實質的需求。

ZANNSE SCHANS
WINDMILL

ZANNSE SCHANS
WINDMILL

MARKERWAARDDIJK
WINDMILL

　　旅行，有時候是由許多的經意與不經意所組成。我喜歡不期
而遇，但也享受刻意等待。這張相片，就是來自於我的刻意等
待。我喜歡荷蘭，對於荷蘭意象之一的風車相當喜愛。因為我
總覺得風車很穩重，就像慈祥的老人，令人感到溫暖，令人想
要接近。

　　白天我經過這座風車時，就開始期待它清晨或傍晚時與天空
融合的不一樣光景。於是我選擇等待，享受這得自於黃昏時分
刻意等待的成果。

刻意等待

　　這一幕已是下午八點十分，經過這一帶水草地時，遇見了這一座造型典雅的風車。雖然它的造型特別，當下並不是非拍不可。突然間，遠方一個白點吸引住我的視線，定睛一看原來是隻小白鴨。

　　由於牠動也不動，我懷疑牠是不是被小孩遺忘在這裡的玩具，和牠對望數秒，終於牠眨了眨眼睛，而我心情既驚喜又緊張，以眼神懇求牠千萬別跑掉‥‥感謝小白鴨的配合，我輕緩地按下快門，留下這張可愛的邂逅。

邂逅小白鴨

　　開車經過濱海公路時，這列風車齊整新穎的樣態吸引我的目光。習慣既定的荷蘭風車樣貌的人，可能不知道這正是荷蘭的風車新貌。

　　如果當時只是開車呼嘯而過，那麼這個景象只會存留在我的腦海裡；這沒什麼不好，只是無法與你們分享而已。我不想留下這個遺憾，於是我冒著違規的風險（荷蘭規定公路上不能恣意停車）置身於大片的麥田中留下了這張作品。

風車新時代

▶▶ GRACHT

西方古典樂作曲家華格納（Richard Wagner），《漂泊的荷蘭人》The Flying Dutchman
第一樂章響起，荷蘭人的影像也就隨著音符的旋律而相繼映現。

華格納譜寫出這部齣歌劇作品，探討的是他最關心的人性弱點、信仰與愛情的救贖力
量，主題的歌劇故事改編自詩人海涅。描述一名水手受咒詛必須永遠航海，直到他找到
一名願意獻身給他且永不變心的女子。

一艘木船載浮載沈，只見半艘船身與杆，猶如一場風暴將至，這是畫裡的情境，也是
我經常欣賞到畫家喜歡表達航海者的挑戰人與大自然的精神。灰黑的積雲壓迫著駛航者
妥協，賞畫者似乎也感染著這股氣氛，一場人與大自然搏鬥的序曲正要升起。

翻開荷蘭歷史，很難與今日充滿的色彩的荷蘭相比。樸直和善的荷蘭人，其實內心充滿著一股冒險開創的精神。擁有一艘船，在精神上便擁有無限的滿足，在生活上也是如此。或許這就是荷蘭人，喜歡與大自然挑戰的一種漂泊，一種自在！

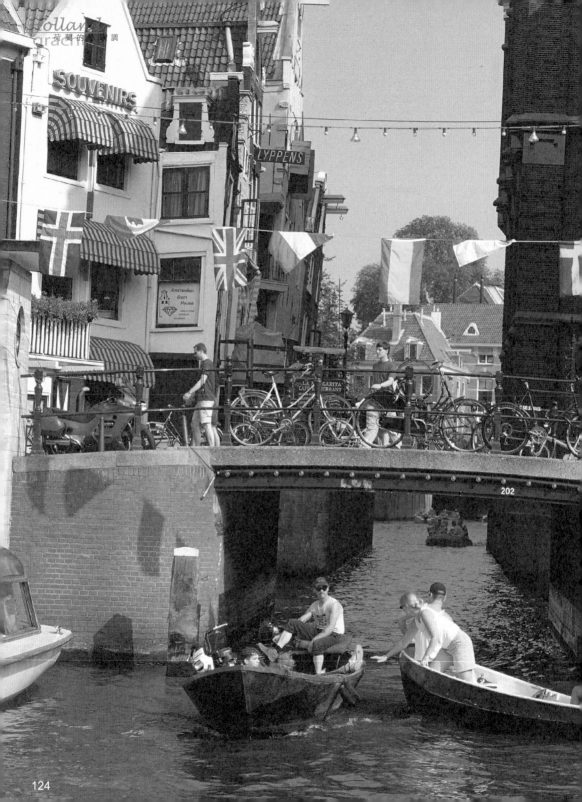

　　這個城市就像聯合國，每天有來自世界各地的新訪客大部分的遊客來到阿姆斯特丹所看到的生活面，盡是運河的熱鬧、青春、搖曳春姿的紅燈區、迷幻的大麻咖啡店等等。

　　有朋友跟我說：我發覺荷蘭的年輕人都不用做事喔，每天都那麼悠閒的遊船、逛街、做愛做的事⋯⋯我笑了笑，只說：你在街頭看到大部分都是觀光客，大部分的荷蘭人是不會待在阿姆斯特丹市區渡假的！

運河上停放著許多不再開動的船隻，這些老舊的船身都成了運河上的裝飾品；還有些中
型的遊艇也不再行駛，船主將其修改為正式的居家，俗稱船屋。在運河上所有的船屋都
必須申請正式的門牌號碼，登記繳稅。

在這裡，自然地會將腳步放慢下來，有別於台北的生活步調。水，似乎有一種安撫情緒的功能，依偎著運河的欄杆，眼前的自在情懷，煩雜的思緒便已瀟然。

　　街頭上甚少見到遊民或乞丐之類，這跟其它歐洲國家比起來實在相當可嘉。有一回我將車停在運河旁的停車格上，在樹蔭下迎著從運河邊吹來的徐徐微風，在我正對面的市政廳與音樂劇院散步的人群非常多，夕陽斜照下來往的小船格外生動，此時我無意下車走動，待在車裡聽著音樂看著景非常舒服。

　　過一回兒有一位巡邏警員從我車後方走來，並向我點頭致意，我也點頭微笑回應，但心裡想著計費停車時間到了嗎？正當心裡狐疑之際，警員轉頭走向一位離我三公尺那位衣衫不整的類似遊民，向前寒暄一番，問著：一切好嗎！有沒有什麼需要幫忙的……幾句簡單的對話之後，警員便繼續的執行巡邏之職。這番景象讓我覺得意外的是，大部分國家的警員對於遊民的態度大多視為次等公民或問題人物，如有對話大部分以詢問的口吻居多，如果非必要根本不會向前理會這種燙手的問題，除非上級有指示。或許這是真正的尊重人權的成熟表現。

黃昏是屬於戀人的
而愛情的遛盪正在運河裡發酵中
在旅行的途中，放慢腳步，留意一切「美」的事物

▶▶ BRIDGE

ROTTERDAM
ERASMUBRUG

尋找中世紀的軌跡

馬斯垂克

古老的城牆不再孤獨了，馬斯河（Maas），馬斯垂克的生命之源聖瑟法斯橋（St. Servaasbrug），是進入中古世紀必經路徑，遊客步入另一個古老的世界、也是荷蘭最古老的城市由一塊塊石頭砌成蜿蜒的小巷，走進這裡便可循著古跡隨性尋訪古牆、水車、教堂、洞窟、水門、要塞散佈在小鎮的每個角落。走累了，和許多人群坐在一起，彼此不認識但都想認識這裡。

這裡是Vrijthof廣場，廣場通常是一個當地最熱鬧的地方，古蹟、酒吧、噴泉、教堂巨大的鐘塔、宏偉的聖瑟法斯教堂（Basiliek van Sint Servaas）、自然博物館等圍繞在其身旁。中午十二點，七噸的大鐘從聖瑟法斯教堂敲出響震雲霄的鐘聲。鐘聲震出我對教堂的仰望，一觀那羅馬風格的聖瑟法斯教堂。

我，站在林堡省（Limburg）最南端的古城馬斯垂克。

旅行與流浪
有何不同

　　幾十年了，這個問題在我腦海裡還是存在，「流浪」有一種自在、一種漂泊、不受制度的約束。這些年，「流浪」成為內心的追求，一種精神狀態，一種形式。這種形式可以恣意的觀察人生，可以喬扮成任何一種身分，在這個時代。

　　「流浪」需要一股勇氣，我欣賞美國的哲學家盧梭，他主張人類重回自然、重回原始，目的是為了追求人的本質。

BRIDGE

在荷蘭境內的每一座橋都是活動的，沒有一座是閒置的、裝飾的或者廢棄。運河上的橋，除了提供人與車的通行，必也讓船隻通行。

BRIDGE

每天在固定的時間，橋墩將緩緩的升起，在運河
有一間控制室，操控員在負責掌握整個交通狀況
當橋墩一升起，所有的人車都必須在柵欄外等候
猶如火車平交道般。當一艘艘船緩緩駛過，橋墩
一緩緩的放下。在兩旁的人車也都耐心等候而依序
通行。

BRIDGE

▶▶ CHEESE

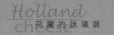

　　自古以來，每個傳統荷蘭家庭的主婦，都要懂得如何自己製作乳酪。乳酪在荷蘭飲食文化當中的重要性，就好比中國傳統社會中的豆腐乳、醬菜一樣，是生活中不可或缺的主食。

　　令我深感佩服的是，荷蘭人對於這項食品一直不斷精益求精地改良、研發，從家庭式到大規模量產，甚至行銷全球，儼然成為荷蘭重要的特產，他們這樣認真的看待生活中的小細節，努力開創新機的態度及精神真是令人激賞！

　　現在荷蘭幾個古老的小鎮，例如豪達（Gouda）、阿克馬（Alkmaar）等，還保留著乳酪傳統的交易方式，原本純粹只是大盤商與商家的交易，如今也開放給遊客觀看。各商家會將自家的乳酪放在廣場上，接受大盤商所派的乳酪評鑑師鑑定品級。只見評鑑師將一根鐵製的中空細管橫向戳入乳酪球，抽出後品嚐，藉此評斷乳酪等級；之後雙方便以只有他們內行人才懂的手勢彼此議價，握手則是他們成交的代號。成交之後，專業的挑伕立即熟練地挑起乳酪，準備稱重分發。

cheese 荷蘭的詠嘆調

ALKMAAR
TRADITIONAL CHEESE MARKET

這是乳酪工廠一隅，剛製好的乳酪，排排站，等著有心人買回家。到了荷蘭這樣的乳酪產地，大部分的人即使不吃乳酪，大多忍不住低價的誘惑買下來。如果旅行途中太早購買，有時候乳酪發酵，行李中就充滿了乳酪的氣味，這樣濃烈的味道，卻不見得所有的人都喜歡哩！

這是個充滿活力的小鎮阿克馬（Alkmaar），是荷蘭還保留著乳酪傳統的交易市集少數的
城市之一。專業的挑伕們將一擔擔成交的乳酪抬到度量衡中心秤重、登記。場內熱絡的
交易和場外遊客熱情的購買，似乎造一股風氣，不懂得品嚐乳酪就落伍了！

CLOGS

走在小巷街道上，到處可見不同風味的木鞋

古舊的它，有的被主人當起了裝飾品，有的當起了盆栽

不知名的喜歡，只要瞧見木鞋在任何角落

總是先靜靜地看著

沒多久一定燃起一股慾望

拍它！

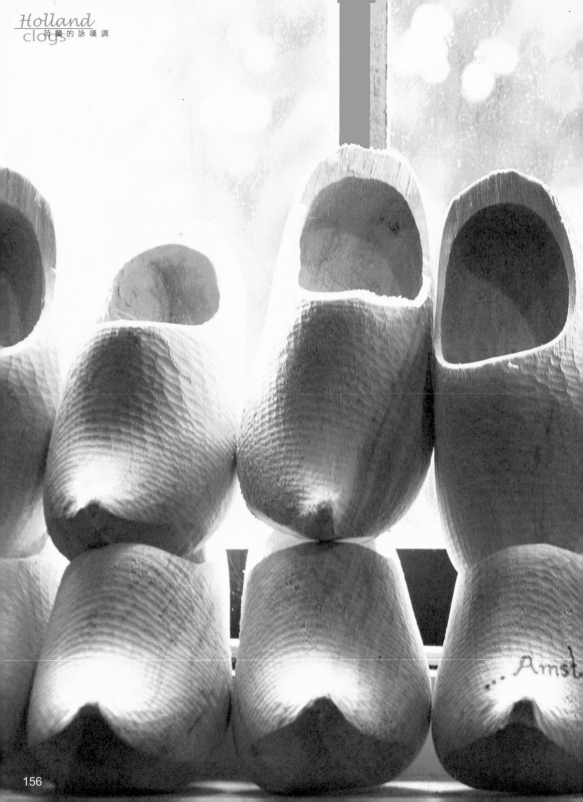

...Amst

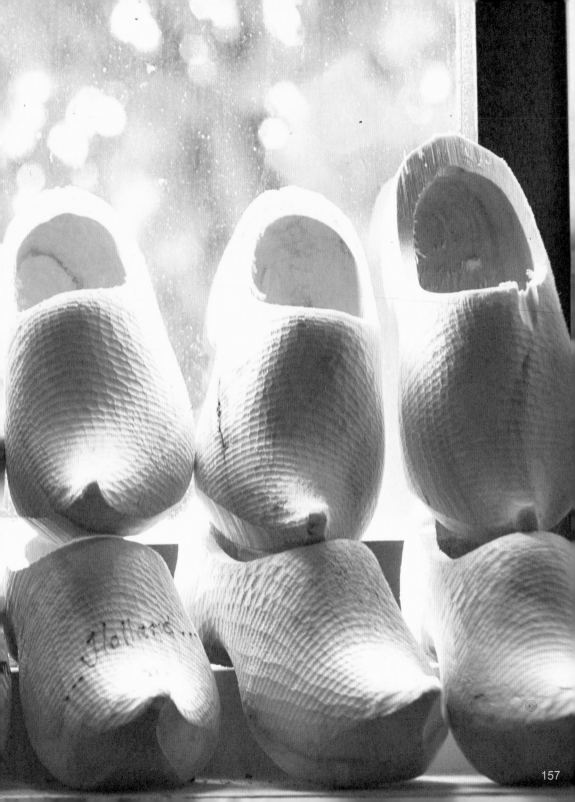

在西元1230年誕生了荷蘭第一隻木鞋

這七百年來，木鞋在荷蘭人心中的價值依然不減

木鞋走過歷史的點滴

如今被視為一種藝術品、一種文化

每位鞋匠都有自己的裝飾花樣

有的雕刻花紋，有的塗畫於鞋上

從平民到富貴一窺其木鞋的外表便可得知

▶▶ NIGHT CITY

天色漸漸暗了，城市的燈光更顯奪目

十點十分
在荷蘭八月初，是我遇見最美的夜景時刻

A · M · S · T · E · R · D · A

·A·M·S·T·E·R·D·A·M·

夜，已悄悄來臨
遠遠看著，就像一幅流動的畫、流動的生命
這裡屬於黃昏的時刻；黃昏容易使人迷戀
這裡聽不到車聲，只有緩緩駛來小船的馬達聲

A·M·S·T·E·R·D·A

入夜之後，阿姆斯特丹的夜生活正要開始

每到此時總有一份說不出的美意

這裡也屬於夜晚；夜晚更易沈醉

A · M · S · T · E · R · D · A ·

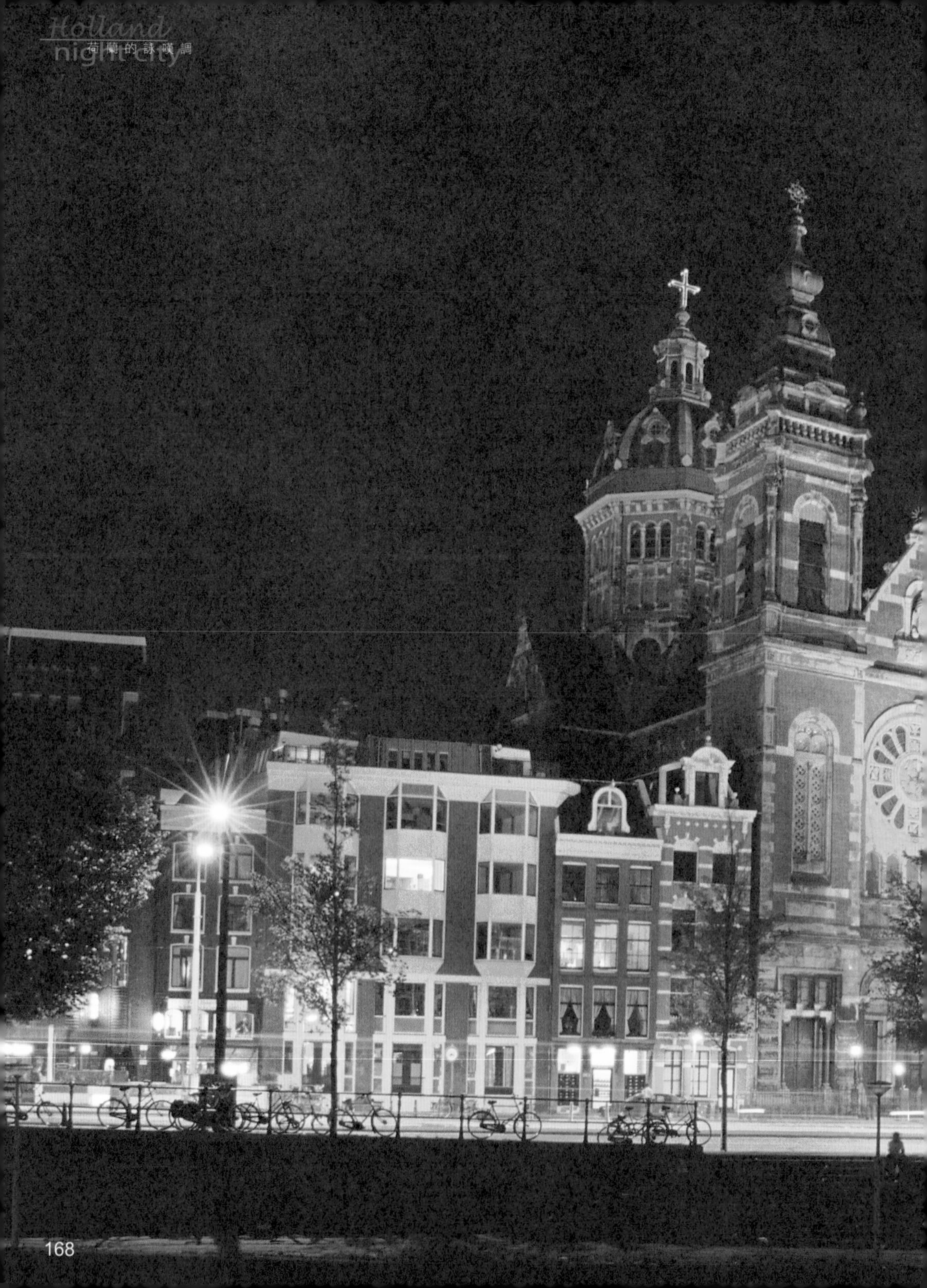

AMSTERDAM
CENTRAAL
STATION

入夜後的阿克馬,擺脫了白天市集的塵囂,恢復了她原本樸靜的面貌
人群、小販們、滿地金黃的乳酪,一下子從這個小鎮蒸發消失!

遠遠眺望著高185公尺的 Euromast 高塔，在這個時間及遠方的角度
看來舒服極了。開車經過了高聳巨大的天鵝橋（Erasmusburg）來到馬
士河的左岸邊，遠離了市區的人群，獨自站在船塢的空地上，自在地
享受鹿特丹的夜晚，在心中輕道一聲：晚安，荷蘭。

夏恆
Schagen

羊角村
Giethoorn

霍恩
Hoorn

阿克馬
Alkmaar

艾登
Edam

哈倫
Haarlem

阿姆斯特丹
Amsterdam

阿培爾頓
Apeldoorn

萊登
Leiden

麗絲
Lise

海牙
Den Haag

烏特勒支
Utrecht

亞能
Arnhem

台夫特
Delft

豪達
Gouda

鹿特丹
Rotterdam

德國
GERMANY

比利時
BELGIUM

馬斯垂克
Maastricht

荷 蘭 簡 介

國名｜Kingdom of Netherlands
面積｜41,526平方公里
人口｜約1,500多萬人
政治體系｜君主立憲制
元首｜Queen Beatrix van Oranje Nassau
語言｜荷蘭語為官方語言，英語亦十分普遍

【荷蘭各地旅遊景點】

水壩廣場
Dam Square

國立博物館
Rijksmuseum

梵谷博物館
Van Gogh Museum

林布蘭博物館
Rembrandthuis

市立現代藝術美術館
Stedelijk Museum of Modern Art

海尼根啤酒博物館
Heineken Experience

安妮法蘭克之家
Anne Frankhuis

桑斯安嘶風車村
Zaanse Schans

阿克馬乳酪交易市場
Cheese Marrket

庫肯霍夫鬱金香花園
Keukenhof

聖揚教堂
St. Jan Kerk

豪達乳酪市場
Gouda Cheese Market

小孩堤防
Kinderdijk

庫肯霍夫鬱金香花園
Keukenhof

國家森林公園
De Hoge Veluwe

德哈爾古堡
Castle de Haar

天鵝橋
Erasmusburg

歐梔燈塔
Euromast

馬德羅小人國
Madurodam

荷蘭的全名是Koninkrijk der Nederlanden 王國。而其中Nederlanden在荷蘭語是表示低地的意思，荷蘭同時也是16世紀歐洲北海沿岸勢力最強的代表！它的首都是阿姆斯特丹，政府機構及各國大使館等等的行政中心則是位於海牙（Den Haag）。

荷蘭觀光業的服務相當完善，境內約有315個地方旅遊局，提供觀光客旅遊服務。地方旅遊局相當好認，您只要看到掛有VVV（三個 V 字）旗幟的建築物，就是辦事處的所在。而在阿姆斯特丹史基浦國際機場（ Amsterdam Schiphol Airport ）內的出境大廳就有一個地方旅遊局。地方旅遊局提供的旅遊服務，包括訂旅館、嚮導解說以及販賣在國內不易取得的當地城鎮地圖等。

地方旅遊局的服務時間從星期一至星期五09:00-17:00、星期六10:00~12:00，相關資料請至荷蘭觀光局的英文網站查詢，http:// www.visitholland.com，進入 cities，再進入 Local Tourist Office尋找。中文網站的資訊由http:// www.holland.idv.tw進入。

感謝單位 |

國家圖書館出版品預行編目資料

荷蘭的詠嘆調／許培鴻圖・文
-初版.-臺北縣永和市：地球書房文化：
2005〔民94〕面； 公分.
ISBN 957-29787-8-0（平裝）
〔旅行新世紀：9〕
1.荷蘭-描述與遊記

747.29   94002081

旅行新世紀　9

荷蘭的詠嘆調

作者・攝影 / 許培鴻

發 行 人 / 羅智成

責任編輯 / 陳秋華

美術編輯 / 阮若雅

法律顧問 / 永然聯合法律事務所

出 版 者 / 地球書房文化事業股份有限公司

地　　址 / 234 台北縣永和市保生路22巷8號8樓

電　　話 / (02)2232-1008

傳　　真 / (02)2232-1010

劃撥帳號 / 19888178 地球書房文化事業股份有限公司

印　　刷 / 永光彩色印刷股份有限公司

電　　話 / (02))2223-2799

初版一刷 / 2005年2月

定　　價 / 250元　ISBN 957-29787-8-0（平裝）